Quelques pages...

Quelques pages...

Confidences d'une vie sans toi

Quelques pages...

Confidences d'une vie sans toi

Laurence Dupont

Poésies libres - pensées

© 2020 Laurence Dupont

Éditeur : BoD-Books on Demand
12-14 rond-point des Champs-Élysées, 75008 Paris
Impression : Books on Demand, Norderstedt, Allemagne
Origine photo couverture : Régine Poirier

ISBN : 978-2-3222-6676-0
Dépôt légal : Mai 2021

Le bonheur ça pourrait être le privilège inconscient de pouvoir se fâcher avec sa mère.

Le malheur pourrait être cette recherche avide et désespérée de ce privilège que l'on ne connaîtra jamais.

Laurence.

SOL ANGE

J'ai tant de choses à partager avec toi,
Que ce qui reste de ma vie ne suffirait pas,
Toi qui reposes si loin de moi, si loin de mon cœur
Que sais-tu de moi, qu'entends-tu de mes pleurs ?

Ici tout n'est que haine et indifférence,
J'aimerais tant savoir ce que tu penses
De tous ces visages qui se sourient et se méprisent
Entends-tu leurs voix du mal, leur bêtise ?

Tant de matins lourds de ton absence,
Tant de larmes qui se meurent en silence,
Dis-moi quel est ce sentiment qui sans cesse me revient
Qui m'emporte toujours plus près, toujours si loin.

Que de jours passés sans la chaleur de tes bras,
Que d'heures qui s'écoulent longues et monotones,
Au loin la nuit tombe et je frissonne
Dis, quand reviendras-tu vers moi ?

1981

LE SABLIER

A toi, temps qui passe,
Cruel et menaçant
Qui jamais ne montre sa face,
Et nous marque à chaque instant.

Je hais ces ombres que tu jettes
Sur nos visages d'enfants meurtris,
Pour ce moment dont tu nous guettes,
Je te hais toi, qui nous sourit.

A chaque joie que tu nous donnes,
C'est un peu de notre vie qu'on te doit
Et si souvent on te pardonne
C'est que vois-tu, on a si peu de toi.

Parfois on te supplie, on t'implore,
Si loin de l'être aimé,
De très vite t'écouler
Naïfs que nous sommes alors.

Et toi, impassible, dépourvu de haine,
Sans bruit, encore et encore
Tu avances et nous entraînes,
Dans ta course vers la mort.

QUÊTE D'AUTOMNE

Au hasard des pages,
J'ai cherché en vain
Un mot une image
Pour guider ma main.

Ma tête semble vide,
Mes idées confuses,
Mon espoir avide,
Mais les vers refusent.

Comment pouvoir écrire,
De rimes et de vers
Toute une vie de plaisirs,
Sans risquer d'être amer.

Je suis las aujourd'hui,
De suivre ce chemin,
Où tout n'est qu'ennuis
Et bonheur incertain.

novembre 1982

MAL DE TOI

En regardant mourir
Tous ces cruels souvenirs,
Je ne peux m'empêcher
D'admettre que je t'ai aimé.

Tu as tissé au fils des jours,
En moi, un tendre amour,
Qui trop vite devint passion
Pour ne finir qu'en dérision.

Comment oublier ton regard
Ta beauté et ta voix,
Tes mensonges et tes retards
Comment vivre sans toi.

Aujourd'hui, je dois continuer seule,
ce chemin que tu m'as guidé
Comme je dois continuer seule,
A t'aimer jusqu'à l'éternité.

avril 1984

A JAMAIS

Désirs, passions brûlent ton cœur,
Rêves éphémères, qui à jamais se meurent,
Enivrée d'envies qui s'effacent,
Chaque jour tu cherches ta place.

Le temps te presse de faire,
Ce que jamais tu ne feras
Tic, tac incessant qui rit de toi,
De l'enfant dont tu gardes le mystère.

Souffrances intenses, larmes brûlantes.
Sentiments immenses, angoisses permanentes

Ont meurtri l'enfant qui jamais n'a grandi,
Ont pris possession de son âme,
L'empêchant à jamais d'être femme,
Femme dont elle n'est qu'une image sans vie.

Aujourd'hui tu restes prisonnière d'un monde indifférent,
Qui dissimule sa cruauté sous des sourires rassurants
Et tu continues ta marche lente, hésitante,
Laissant cette âme hémophile écouler sa peine. Impuissante.

1996

LE CHEMIN DU BONHEUR

Dans cet univers enchanté
Où se sont liés amour et amitié,
Dans ce paysage de douceur
Où s'est penché ton cœur,
Fragile demoiselle,
Tu as pleuré de bonheur.

Ce bonheur si nouveau
Si soudain et si beau
Est entré dans ta vie
Te laissant étourdie.

Même si tu es loin aujourd'hui
Et que ton cœur souffre de nostalgie,
N'oublie pas que bientôt, demain,
Fragile demoiselle,
Il te prendra à nouveau la main
Et pour un très long chemin...

À Patricia,

mars 1984

LE SOUFFLE DU DIABLE

Comment nommer ce sentiment
De doute et de confusion
Qui me rapproche doucement
Du chagrin et de la dérision.

Comment trouver la force de résister
A cette vague lente et passionnée
Qui chaque jour, m'emporte un peu plus loin
Chaque jour, m'écarte de mon chemin.

Il suffirait de mon cœur, détourner le regard
De ma raison, écouter le message
T'effacer avant qu'il ne soit trop tard
Il me suffirait simplement d'être sage.

Aujourd'hui, je sais avoir cherché en vain
Un bonheur qui n'était pas le mien
Et même si en moi persiste un goût amer
Je sais que mes larmes sont éphémères.

CRUELLE BEAUTÉ

Filtrer mon regard jusqu'à toi
Et pour une nuit,
Contempler ta beauté infinie
Sans regret, ni larme, ni joie.

Baisser mes yeux sur ton visage
Et pouvoir y déchiffrer enfin
Le véritable message,
Celui d'une cruauté sans fin.

Te regarder pour la première fois
Te découvrir de mon cœur froid
Lui que tu as si souvent blessé
De ton ignorance et ta méchanceté.

Me détourner vers un nouveau visage
Celui de l'espoir et du bonheur sage,
Vers un sourire doux et chaleureux
Qui saura réchauffer mon cœur malheureux.

Tu n'auras plus alors,
A mes yeux aucune valeur
Et comme la vie parfois s'endort,
Ton image s'effacera sans douleur.
novembre 1986

MERVEILLES DE LA NUIT

Lorsque les jours moins cruels que les nuits,
Sauront en moi percer l'oubli,
Alors peut-être, je pourrai vivre sans toi
Alors peut-être, je pourrai me libérer de cet émoi.

La nuit est pourtant si belle
Lorsque de ses étoiles elle étincelle
Tant de cœurs amoureux
Qui ne vivent que pour elle
Ne pensant qu'à son retour
Qui rapprochera leurs amours
Et se fera complice de leurs aveux.

Comment aujourd'hui peut elle nous séparer,
Alors que tant de fois elle nous a rapprochés,
Nous enivrant de toutes ses merveilles,
Elle nous emportait doucement vers le sommeil.

En toi je croyais et en toi je vivais,
Repoussant d'un rire le jour qui naissait
Je refusai alors, qu'il emporte avec lui,
Les promesses soufflées par cette douce nuit.

hiver 1984

PENDANT LE COURS DE DANSE

Au son de ces mélodies qui glissent en cascades,
Je contemple ton corps gracile qui se balade
Je le vois se modeler, changer au fil des jours,
Petite fille, mon bébé, mon Amour.

La musique s'agite et tu t'envoles,
C'est à peine si tes pieds semblent toucher le sol,
Tu t'appliques et dans le miroir,
Je peux croiser, l'espace d'un instant,
l'espièglerie de ton regard.

Les notes deviennent plus saccadées,
Pointes tendues, tu marches un rien hautaine
Petit être fier, tu sembles vouloir dominer
Un monde que tu découvres à peine.

Les doigts du pianiste s'accélèrent sur les touches
Et tu danses, sautes, le rire à la bouche
Pas de Polka, tu tournes tournes grisée
Petit elfe léger, tu respires la liberté.

Soudain la musique se meurt et dans le silence qui s'installe,
La magie se brise, l'endroit devient glacial
Les petits chaussons roses eux, se pressent en cœur
C'est le moment d'embrasser le professeur.

À toi ma Delphine   *février 2000*

POUR TOI

Pour toi à qui je pense chaque soir en m'endormant,
Qui viens hanter mes rêves de souvenirs déchirants,
Pour qui chaque matin, je donne mon premier sourire,
Pour ton image enfin, qui chaque jour s'enfuit sans ne rien dire.

Reçois ces quelques mots d'amour,
Mais ne les lis qu'à la tombée du jour
Lorsque plus douce, la nuit
Saura calmer ton esprit.

Pour ce visage d'ange, ce regard d'azur
Pour cette passion cachée sous ce masque si pur
Pour mon amour pour toi qui sans cesse s'amplifie
Pour toi sans qui je ne peux continuer ma vie.

Accepte ces derniers mots d'amour
Ne les lis pas si tu veux
Mais garde les jusqu'à la fin du jour,
Et confie les aux Cieux.

Pour notre histoire trop belle,
Pour notre lien perdu,
Pour cette fin si cruelle
Pour une cause inconnue.

Je dis Adieu à cet amour,
Qui n'a su vivre qu'à la tombée du jour
Qui n'a pas supporté la clarté du soleil
Qui ne revit que dans mon sommeil.

mai 1984

Flavien, mon enfant, mon Amour,
Te voici enfin au creux de mes bras,
Tout me paraît si peu réel,
Et pourtant,
Tu es là, et déjà je t'appelle,
Flavien...

D'où me vient ce sentiment de solitude,
de tristesse et d'absence.
Quand je te regarde,
Ta vie en moi me manque
Mon corps se sent soudain vide et inutile
Il t'a donné la vie, il devrait être fier
Et pourtant,
Il souffre tant, abandonné de tes mouvements
Il n'a pas encore compris ; Alors il t'appelle et te supplie.
Éphémère désaccord de l'esprit et du corps
Mon âme s'enivre d'un amour inconnu
Fort, puissant et si déroutant.

Flavien, pour ces longues heures d'une si belle souffrance, il n'existe pas de plus douce récompense que toi.

16 juin 1990

TENTATION

Elle,
Marche lentement au rythme de la pluie, son désir de vous
Sentir plus près trouble son esprit.
Il suffirait de presque rien,
Pour qu'enfin d'un geste fébrile, vos mains,
S'effleurent, se touchent, se parlent, se confient mais vous,
Savez n'est-ce pas que ce contact ne vous est pas permis.

Alors vos pas restent à sage distance, vos voix murmurent,
La pluie redouble se voulant complice de vos,
Confidences que vous taisez sous de banals propos.
Un voile de votre parfum l'enveloppe, délice qui ne dure,
Que le temps d'un instant qu'elle savoure jusqu'à la lie.

Il,
Ne sent pas les gouttes froides qui couvrent son visage *il*,
Ne voit que la lueur de ce désir qui consume son être.
Obsession grandissante qui le libérera peut-être,
Qu'à la minute suprême où il tiendra ce corps fragile,
Où il se laissera glisser dans les abîmes de cette douce folie.

Autour de vous la vie s'éveille, les voix se font plus fortes.
Vous souriez, échangez, mais vos yeux ne se quittent,
Que l'espace d'une minute pour se chercher ; Trop vite,
Alors vous vous éloignez à nouveau mais à la porte,
Ne pouvez retenir ce léger effleurement qui vous unit.

Les minutes s'écoulent dans cette pièce bondée,
Où le sentiment d'être seuls vous gagne doucement.
Il diffuse sur vos sens un souffle languissant,
Dépose sur le bord de vos lèvres le goût sucré,
D'un baiser sensuel et si délicieusement interdit.

Dociles, vous reprenez vos routes bien tracées mais,
Au détour du chemin une porte restée entre-ouverte,
Laisse écouler une onde douce et secrète.
Promesse murmurée aux doux extraits,
D'une ronde voluptueuse où s'aimer serait permis.

Il,
Marche lentement au rythme du temps, son envie de vous,
Serrer contre lui semble ne plus savoir comment se diriger.
Il suffirait d'un pas pourtant chante cet air infime et léger,
Pour que vos corps se fondent en un ultime accord si doux.
Mais ainsi va la vie qui vous rapproche et vous désunit.

SIMPLEMENT

Je pense à vous tout simplement,
Quelque soit l'heure ou le temps,
Que la vie s'agite autour de moi,
Ou que le silence se fasse Roi,
Peu importe le lieu, le cours du vent,
Je suis à vous tout simplement.

Mélange ambigu de douceurs, de rêves,
D'une douleur sans trêve,
Dans lequel mon âme sans conscience,
Se plonge avec délice et démence,
Je suis possédée et alors,
Combien d'étés restent-il encore,
Avant que mon image s'efface,
Que je cède à mon tour la place.

Comme ce filament qui étincelle,
Dans un dernier éclat rebelle,
Ma volonté d'être, à travers vous,
M'emporte dans un désir fou,
Que rien ni personne,
Ne saurait arrêter à cette heure qui sonne,
La dernière danse,
D'une fée qui cette fois choisira sa révérence.

Je pense à vous tout simplement,
Dans la nuit qui sans bruit, descend,
Dans ce matin qui s'éveille,
Derrière ce regard qui sommeille,
Au rythme de ce train gris,
Qui transporte mes maux enfouis,
Dans mes éclats de rires,
Mes désirs, mes regrets, mes sourires.

Je pense à vous tout simplement,
Quelque soit la couleur du temps
Le gré des envies tenaces,
Ou les longues heures de nuits d'angoisses,
Dans le tourbillon des matins fiévreux,
Les après-midi paresseux,
Peu importe, la mesure les dièses, les bémols,
Je suis à vous, croche folle.

BELLE ÉTOILE

Les fils d'une habitude traite et monotone,
Ont tissé leur toile autour de ton âme,
Jusqu'à ce matin où le regard de cet homme,
A réveillé en toi le désir d'être femme.

Les jours se succèdent au rythme déroutant,
De ces émotions discordantes qui t'accablent
L'attente d'un geste, un mot berce ton temps,
Dans lequel tu te niches, heureuse et coupable.

Que d'ivresses ressenties à vivre l'interdit,
Se laisser porter par la raison qui s'enfuit
Dans l'espoir fou d'un furtif baiser volé,
Que de rêves ont nourri ce cœur tourmenté.

Contre l'appel du devoir tu te refuses,
Et tu te bats, un peu perdue, un peu confuse,
Déterminée pourtant à ne pas refuser
Cette autre voix dont tu ne peux résister.

Et pourtant,

Il y a belle étoile, dans l'ombre du couchant,
Un être discret, silencieux et patient,
Trop peut-être, il semble avoir perdu les mots
Mais qui n'attend que Vous pour briller à nouveau.

À mon amie des montagnes

Nos regards se cherchent, s'attachent l'un à l'autre.

Plus rien n'existe que ce moment où nos yeux se parlent, où ils se disent enfin toutes ces émotions partagées, ces derniers mois, tout ce bonheur autour de ta naissance. Cet accomplissement total.

Je me noie dans ce regard qui s'accroche au mien et semble vouloir me donner un message. Nous nous connaissons déjà si bien.

Combien de fois avons nous partagé ces instants d'intense intimité avant que nos yeux se mêlent en un unique baiser.

Comme notre Amour est immense !

Bienvenue mon bébé.

       À toi Alan,
       26 mars 1998

UN SOUFFLE DE LUNE

Un souffle de lune,
Caresse, un deux trois
Les heures une à une,
Je suis avec toi.

Un souffle de lune,
Chuchote, un deux trois
Là-haut sur la dune,
Tu es avec moi.

Tes petits doigts qui dansent,
Sur le sable encore chaud,
La beauté du silence,
Ma bouche qui ne dit mot.

Nous reviendrons demain
Aux premières notes du jour,
Viens, donne moi la main,
Rentrons mon bel amour.

Un petit soleil,
Petit, si petit,
A tiré du sommeil,
Mon cœur endormi.

Un petit soleil,
Petit, si petit
D'un sourire de merveille,
Bientôt repartit.

L'automne est revenu,
Fidèle à sa promesse,
Il a versé son dû,
De larmes et de tristesse.

L'hiver en un instant,
A voilé les regards,
De son baiser mordant,
A figé les espoirs.

Un souffle de lune,
Se glisse un deux trois,
En mon cœur de brumes,
Au loin, je te vois.

Un souffle de lune,
T'emporte, un deux trois
Là-haut sur la dune,
Nous ne reviendrons pas.

À mon petit Arthur,
décembre 2019

VOYAGE

Un sourire délicat aux couleurs de tendresse,
Nous ouvre pour un soir une porte d'espoir,
Je vous découvre enfin j'en oublie ma tristesse,
Votre chaleur me gagne et j'ai envie d'y croire.

Vos pieds nus sur le sol, symbole d'une liberté,
Une voix légère aux accords subtils
Qui dépose sur nos âmes comme un souffle d'été,
Le nôtre retenu en cet instant fragile.

Sous vos doigts avertis, les cordes s'enflamment,
Emportant avec elles nos dernières résistances,
Caressant nos corps d'une fièvre qui nous gagne,
Lentement nous élèvent en une pure jouissance.

Vos yeux mi-clos, dans un total oubli,
Ce doux sourire encore, qui a tant à nous dire,
Le voyage est si bon, vous l'avez bien compris,
C'est toute votre personne qui vient nous conquérir.

À *Jean-Louis Aubert,*
souvenirs d'un merveilleux « Tour sur vous-même »

mai 2010

FAIM DE VIE

La mort nous frôle, elle devient une réalité qui nous enveloppe dans un manteau de terreur ignoble.

Et c'est la vie qui s'éveille en nous, qui prend tout son sens.

Nos désirs se rebellent et semblent briller d'un nouvel éclat.

Nos déceptions perdent de leur intensité au profit du pardon.

Nos colères nous font sourire,

Le rire comme conscient de l'urgence s'échappe de nos gorges nouées.

Notre visage se détourne des miroirs et notre regard rencontre celui de l'autre. Enfin on se voit...

Une faim anime notre cœur et plonge tout notre être dans ce besoin vital :

Se toucher, se parler, se regarder, s'aimer. Se le dire et redire encore... Chanter. Danser.

La mort en nous terrorisant nous appelle à la vie.

novembre 2015

LE SOUFFLEUR DE MOTS

C'était un souffleur de mots
Que j'avais rencontré,
C'était un matin d'été
Lumineux, presque trop chaud.

Je m'étais assise un instant
Au bord de ma jeunesse,
J'avais alors tout le temps
De sourire à l'ivresse.

Je regardais sa bouche délicate
D'où sortaient ces mots inconnus,
Je suivais leurs contours sans hâte,
Il mettait mon âme à nu.

J'avais alors tout le temps
De sourire à l'ivresse,
Je l'ignorais cependant
Et me détournais sans cesse.

La peur figeait mon corps,
Me glaçant au creux du ventre
Fuir toujours et encore
Le danger avant qu'il n'entre.

C'était un matin d'été
Lumineux, presque trop chaud,
Je décidai de me poser
Aux pieds du souffleur de mots.

J'écoutais ces notes étranges,
Elles glissaient presque sans bruit,
Dans ce matin béni des anges
Cette fois je n'ai pas fui.

Un jour au bord de ma vieillesse,
J'ai souri au souffleur de mots
Je n'ai rien oublié de l'ivresse,
Ni de ce matin presque trop beau.

Octobre 2020

PETIT SONNET D'OCTOBRE

Matin humide d'automne
Chaudes couleurs de feu
Qui dansent dans tes yeux
Mon tout petit bonhomme

Elle te suit la mignonne
Se hisse comme elle peut
C'est ta main qu'elle veut
Tes doigts qu'elle emprisonne

Il est beau ce matin
Si loin de ce chagrin
Qui sublime votre absence

Les feuilles cric crac croc
Se tortillent et se moquent
Emportant votre enfance.

À Lucie et Arthur

CATALINA

Même mes années de larmes ont un goût de nostalgie,
Chaque année qui passe, me raccroche à la vie,
Je reviendrai vers toi, rue de mon enfance,
Je referai les pas avec plus de confiance.

Je nous revois ensemble, nos chignons du dimanche,
Nos chaussures vernies, le rire de l'insouciance,
Toi si belle, moi si petite dans nos robes blanches,
Je garderai cette image, avec moins de souffrances.

Mes premiers pas d'école, cette étrange frayeur,
Au bout de ce couloir, une classe trop sévère,
Cette odeur entêtante qui accroissait ma peur,
Je la ressens encore, c'est vrai, c'était hier.

Te souviens-tu princesse dans cette rue des fleurs,
Comme tu riais sans cesse, la joie au bout du cœur,
Prête à tout braver, déjà si pleine d'autorité,
Te souviens-tu princesse, comme tu sentais bon l'été.

Mes yeux jamais assez grands pour te contempler,
Te buvaient toute entière, grisés par ta beauté,
Sur la pointe des pieds, que n'aurai-je alors donné
Pour atteindre rien qu'une fois, ton immensité.

Bien loin de ton monde, comme un fantôme,
La « petite » aura de tout son être,
Tenté en vain, maladroite peut-être,
De traverser ton étrange royaume.

Ainsi je refermerai le livre,
A cette image de toi, baignée de pureté,
Rien dans mon souvenir, ne viendra ternir
Les dernières pages qu'a pu vivre
Cette insaisissable Fée, avant de nous quitter.

juillet 2000

À toi ma sœur

Ainsi s'achève ce recueil, avec des questions qui demeurent.

Une nouvelle épreuve s'est ajoutée qui, dans les heures trop difficiles sonne comme l'épreuve de trop.

Je n'ai que deux armes. L'Amour et le Temps dans lequel je puise tout l'espoir de retrouver mon enfant perdue.[1] « Ma petite fille, mon bébé, mon Amour... Aujourd'hui c'est une jeune mère superbe, qui a pris une décision cruelle et désespérée.

Je me demande souvent quelle femme serait née si j'avais grandi dans un autre climat familial. Aurais-je été une meilleure mère ?

J'ai titubé mon enfance comme ma mère titubait son désespoir dans ce breuvage empoisonné.

J'ai bu, la peur au ventre la colère et le chagrin effrayants d'un père fantôme dont je ne pouvais comprendre alors, les angoisses et la faiblesse.

Quelle femme suis-je devenue amputée de ce qui construit ? Où ai-je puisé pour combler ce vide douloureux ? Où ?

L'Amour ! Dans cette recherche épuisante et magnifique.

L'Amour partout je l'ai cherché, aspiré. Je m'en suis enivrée jusqu'à la lie. Je l'ai déversé à me vider l'âme.

Mon ivresse à moi c'est cet Amour. Ma faiblesse c'est cet Amour. Tout ce manque à recevoir, tout ce surplus à donner.

L'Amour est ma plus belle perte en ce monde, mon plus frappant danger, ma plus belle réussite aussi.

J'ai eu ce privilège de connaître l'Amour le plus puissant qui soit. Petit être innocent contre mon corps avide. J'ai alors aimé au-delà du pensable[2-3].

Ma colère c'est cet Amour.

Et le Temps lui, s'écoule. Silencieux il étire les douleurs de l'âme, adoucit les amertumes.

Il sait que nous finirons par entrer dans sa danse, suivre son pas.

Je suis heureuse de ne ressentir aucune rancœur envers mes parents. Heureuse d'être ce que je suis aujourd'hui au-delà des souffrances du passé.

Le temps a fait son œuvre et si je l'ai maudit autrefois, je l'accueille aujourd'hui avec sérénité[4].

Je le prends à son rythme. Je savoure chaque moment heureux qu'il me donne.

Et pour le chagrin, je lui donne toute ma foi.

Je glisse ma main dans la sienne.

Jusqu'à demain...

---

[1] « Pendant le cours de danse » page 27
[2-3] « Flavien, Alan » page 31 -39
[4] « Le sablier » page 11

Mes remerciements sont nombreux car ils représentent un cercle précieux constitué de ma famille et amis proches qui n'ont cessé de m'encourager à écrire. Chacun à sa façon a ainsi contribué à la réalisation de ce recueil.

Merci à Thierry, pour sa patience, cet enthousiasme au quotidien, son soutien. Avec tout mon amour.

Merci à mes enfants, pour leurs encouragements, leurs conseils avisés.

Merci à Pascaline sans qui ces textes seraient restés dans leurs carnets.

Merci à Muriel, pour son amitié sincère, son énergie bienveillante, qui m'incite sans cesse à vaincre mes peurs.

Merci à Dominique, toujours prête pour la lecture du premier jet et qui me transmets si bien ses ressentis.

Merci à Catherine, pour son amour inconditionnel, ses encouragements. ma première lectrice sur les bancs d'école. Je t'aime.

Merci à Michel, mon frère qui m'a transmis cet amour des mots.

Enfin, merci à tous ceux qui ne sont pas cités mais qui ont tout à fait leur place. Sur cette page et dans mon cœur.